AF452090

LE
SERMENT DE MADELEINE

Opéra-Comique

Admis au 9me Concours musical de 1883

PAR L'ACADÉMIE DE LA PROVINCE

21145

A MON EXCELLENT AMI

Léon **LA ROUE**

Officier d'Académie

Antonius ADAM

LE SERMENT

DE MADELEINE

OPÉRA-COMIQUE EN UN ACTE

PAR

ANTONIUS ADAM

Membre Correspondant
DE
L'ACADÉMIE DES LETTRES, SCIENCES & ARTS DE LA PROVINCE

LYON

LUCIEN DUC, ÉDITEUR

LIBRAIRIE DE LA PROVINCE

89, GRANDE RUE DE LA GUILLOTIÈRE, 89

1883

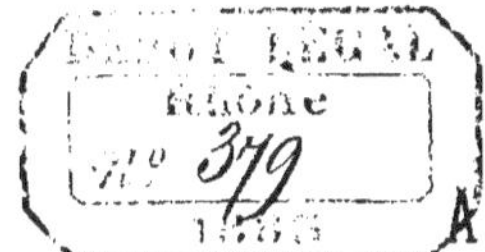

PERSONNAGES

PASCAL, patron pêcheur de La Madrague.

CLÉMENT, riche fermier de Saint-Louis.

GAETAN, pêcheur, au service de Pascal.

MADELEINE, fille de pêcheur.

TOINETTE, fille de fermier.

PÊCHEURS, FEMMES DE PÊCHEURS
PAYSANS ET PAYSANNES

---

*La scène se passe sur les bords de la Méditerranée,
à La Madrague de la Ville, près Marseille*

LE

SERMENT DE MADELEINE

Le théâtre représente le bord de la mer, d'où l'on aperçoit, à gauche, le château d'If et les ports de Marseille; en face, l'horizon, et, à droite, les caps. — Maison de pêcheur à gauche. — Tonnelle à droite. — Bancs formés par les rochers. — Au lever du rideau, les pêcheurs tiennent tous en main un engin de pêche ou de bateau.

————✳————

SCÈNE PREMIÈRE

LES PÊCHEURS

|INTRODUCTION

LES CHŒURS

Le soleil brille,
La mer scintille,
Gais pêcheurs, partons! Partons, gais pêcheurs!
Déjà souffle la brise,
Le ciel nous favorise,
Des flots, toujours nous bravons les fureurs!
Oui, nous bravons les fureurs!

Dès qu'apparaît l'aurore,
Dès que le soleil dore
La cime des pins sur les coteaux !
Vite, cours à la grève,
Pêcheur, le vent s'élève,
S'élève sur les eaux !
Amis, amis, apprêtons nos bateaux,
Car le vent qui s'élève,
S'élève sur les eaux !

Le soleil brille,
La mer scintille,
Gais pêcheurs, partons! Partons, gais pêcheurs!
Déjà souffle la brise,
Le ciel nous favorise,
Des flots, toujours nous bravons les fureurs !
Oui, nous bravons les fureurs !

(Les pêcheurs vont vers le rivage, déposent leurs engins de pêche à terre
et apprêtent les bateaux.)

SCÈNE DEUXIÈME

LES MÊMES — PASCAL

PASCAL (accourant, ayant une corde enroulée passée sur son épaule)

Holà ! Gaëtan !

GAETAN, (s'approchant)

Ah ! te voilà, Pascal ?

PASCAL (distrait, lui donnant la corde)

Dis-moi, Gaëtan, vois-tu, là-bas, cette maisonnette blanche, assise au milieu des pins?

GAETAN (exclamant)

Si je la vois? Eh! c'est la maisonnette du père Vincent! Ah! ça, qu'as-tu donc à la regarder ainsi? Eh! eh! eh! est-ce que Madeleine?...

PASCAL (prenant le bras de Gaëtan)

J'en suis amoureux.... amoureux comme un fou!... Mais... sois muet!

GAETAN

Oh! muet... Muet comme une anguille. Explique-toi.

PASCAL (anxieux)

Eh bien, Gaëtan, la fenêtre de cette maisonnette ne s'ouvre pas!... Et je partirais sans voir Madeleine, dont l'image me poursuit partout, oui, partout, le jour et la nuit? Oh! non; non, je n'en aurais pas le courage!

GAETAN

Par Notre-Dame!... tu l'aimes donc bien?

PASCAL

Si je l'aime? Ah! je donnerais ma vie pour elle!... Tiens, Gaëtan, écoute :

ROMANCE

PREMIER COUPLET

(à Gaëtan)

Quand je la vois, son doux visage
Jette le trouble dans mon cœur,
Et sur la grève, et sur la plage,
Je suis son ombre avec bonheur !

(regardant dans la coulisse)

Mais, dans mes sens, ô Madeleine !
Tu versas le feu des amours !
Ah ! quand donc finira ma peine ?
Car, moi, je t'aimerai toujours !
   Oui, je t'aimerai toujours !

DEUXIÈME COUPLET

(à Gaëtan)

Lorsque j'entends son beau langage,
Si plein de charme et de candeur,
Ah ! je veux que sa douce image,
Toujours soit gravée en mon cœur !

(regardant dans la coulisse)

Mais, hélas ! ici tout m'enchaîne,
A mes jours joindrais-tu tes jours ?
Ah ! quand donc finira ma peine ?
Car, moi, je t'aimerai toujours !
   Oui, je t'aimerai toujours !

GAETAN

Bravo ! — (regardant à son tour) — Et tu ne partiras pas sans la
voir, car j'aperçois la fenêtre qui s'ouvre. Ah ! tiens, Pascal,
regarde : c'est Madeleine !

PASCAL

INVOCATION

C'est elle ! ô ciel ! je la vois apparaître !
Sa vue, en moi, fait tressaillir mon être !
        Ah ! que je suis heureux !
Madeleine, ah ! ton nom seul m'enflamme !
Reçois, reçois, et mon cœur et mon âme !
        Je pars... je pars joyeux !

(Il va vers les pêcheurs. Ceux-ci s'avancent vers lui, montrant que tout est
prêt.)

Amis, partons, sur la mer infidèle,
Pascal vous mène où mène son destin !
Les vents sont bons, la pêche sera belle,
Dieu nous prépare un immense butin !
Mais en partant, que vos chants d'allégresse,
Là, sur ces bords, prennent un libre essor !
Voyez le ciel : il est plein de promesse !
        Ensemble, chantons encor !

REPRISE

·ENSEMBLE

PASCAL et les CHŒURS

Le soleil brille,
La mer scintille,
Gais pêcheurs, partons ! Partons, gais pêcheurs !
Déjà souffle la brise,
Le ciel nous favorise,
Des flots, toujours nous bravons les fureurs !
Oui, nous bravons les fureurs !
Amis, partons !
Partons !

(Pascal jette un dernier regard vers Madeleine et s'embarque. — Gaëtan le suit. — Les autres pêcheurs sautent dans les bateaux, d'autres disparaissent par le rivage. — On entend leur chant qui s'éteint au fur et à mesure qu'ils s'éloignent.)

SCÈNE TROISIÈME

MADELEINE, seule

(Madeleine, arrivant par le rivage, vient s'accouder sur un rocher, regardant dans la direction des pêcheurs.)

Les voilà bien loin déjà ! (descendant vers le milieu de la scène) Ah !
c'est singulier, toutes les fois qu'ils partent, mon cœur se serre !
A quoi attribuer cela ?... Ne dois-je pas être la femme du fermier Clément ?... (mettant la main sur son cœur) Ah ! pourquoi...
pourquoi me le cacher plus longtemps à moi-même ? Eh ! bien,
oui, j'aime Pascal !... Tous les matins, après son départ, je
viens ici respirer l'air qu'il y respire ; m'enivrer de ses doux
chants, que la brise, comme une tendre caresse, m'apporte avec
le son de sa voix !... (regardant) J'aime son humble demeure ;
j'aime ce beau ciel bleu ! cette mer transparente ! cet horizon
superbe ! ces rochers ensoleillés ! (s'arrêtant brusquement) Juste
ciel !... et mon père ?... Oublierais-je sitôt le serment que je lui
ai fait ? (Elle s'avance tout à fait sur le devant de la scène).

PREMIER RÉCITATIF

Ah ! malgré mon serment, une force invincible,
Me pousse, ô cher Pascal ! m'entraîne vers ces lieux !
Car tes accents remplis d'aveux délicieux,
Répandent en mon cœur un charme irrésistible !

CANTILÈNE

Pascal, je t'en donne ma foi,
T'aimer, c'est mon unique loi,
Mon seul désir, ma seule envie,
Je n'aimerai toute ma vie
    Que toi, rien que toi !

DEUXIÈME RÉCITATIF

Aimer… aimer Pascal !.. Pascal ? Et mon serment ?
Ce serment, sort cruel ! détruit dans ma pensée
La douce illusion, si longtemps caressée !
Ah ! décevant espoir ! O ciel ! c'est à Clément
Que mon père, hélas ! m'a fiancée !

COUPLETS

I

Saint devoir qui me lie,
Douce et sainte folie
De mon père adoré ;
Allons, point de faiblesse,
Je tiendrai ma promesse,
Je l'ai juré.

II

En mon âme attendrie,
Sa parole chérie
Vit constamment ;
Sans peur, comme sans crainte,
Sans murmurer, sans plainte,
Je tiendrai mon serment,
Oui, mon serment !

Oui, je l'ai promis à mon père ;.. oui, je tiendrai mon serment ; mais il est une chose que je ne puis donner à Clément : c'est mon amour ! — (elle remonte la scène et regarde) — Mais qui vient de ce côté ?... Ah ! c'est Toinette ! Toinette, alerte comme une hirondelle ! — (On entend chanter dans la coulisse) — égayant les échos de ses jolies chansons ! — (elle lui fait signe de la main.)

SCÈNE QUATRIÈME

MADELEINE — TOINETTE

TOINETTE

Elle entre en scène en chantant, tenant en main un bouquet de marguerites.

CHANSON

Fleur favorite,
O marguerite !
Dis-moi bien vite
S'il m'aime encor !
Car tu recèles
En tes dentelles,
Fines et belles,
Mes rêves d'or !

(Toinette, après avoir arraché une marguerite de son bouquet, le dépose sur un banc. — A la marguerite :)

Oui, dis-moi, blanche pâquerette,

(arrachant un pétale)

Clément m'aimera-t-il ?

MADELEINE (répondant)

« Un peu ! »

TOINETTE (arrachant)

C'est bien !

MADELEINE (répondant)

« Beaucoup ! »

TOINETTE (arrachant)

Eh ! c'est bien mieux !

MADELEINE (répondant)

« Passionnément ! »

TOINETTE (interdite)

Ah ! je m'arrête ...

(arrachant)

Je tremble...

MADELEINE (répondant)

« Pas du tout ! »

TOINETTE (faisant la moue)

C'est mal, c'est très mal !

(arrachant immédiatement les trois pétales qui restent)

Ciel !

MADELEINE (répondant)

« Il t'aime !... un peu !... beaucoup !... »

TOINETTE

Ah ! de bonheur, j'en perds la tête !
Son amour sera-t-il éternel ?

ENSEMBLE

TOINETTE	MADELEINE
Fleur de mérite,	Fleur de mérite,
O marguerite !	O marguerite !
Ma favorite,	Sa favorite,
Oui, tu l'as dit, il m'aime encor !	Oui, tu l'as dit, il l'aime encor !
Et tes dentelles,	Et tes dentelles,
Fines et belles,	Fines et belles,
Berceront-elles	Berceront-elles
Mes rêves d'or !	Ses rêves d'or !

TOINETTE (joyeuse)

Ah ! quel bonheur ! il m'aime ! il m'aime !

MADELEINE

Ainsi, monsieur Clément t'a déclaré son amour ?

TOINETTE

Oh ! que non pas !... Mais depuis que je vais à la ferme, Clément ne manque jamais une seule fois de se trouver sur mon passage, et, ce matin encore, j'espère bien l'y revoir.

MADELEINE

Mais si monsieur Clément était engagé... tenu par un lien quelconque... à une autre personne que toi... sais-tu les tourments que tu te préparerais ?

TOINETTE

Oh ! fi !... c'est vilain ce que tu dis là !... Quoique ne m'ayant rien avoué encore, je sens que Clément m'aime ! Pourquoi ?... Mon Dieu, je le vois à son air embarrassé, à sa manière de me saluer... de me parler... même, et surtout, à son silence... qu'il garde quelquefois tout le long du chemin !

MADELEINE

Alors il t'accompagne... et vous êtes seuls, comme cela, seuls ? Et tu n'as pas peur ?

TOINETTE

Peur ?... peur de quoi ?

MADELEINE

Mon Dieu, je ne sais... Mais s'il allait te dire qu'il t'aime...
un homme, c'est bien osé... s'il allait t'embrasser ?

TOINETTE

M'embrasser ?... Eh bien !... tant mieux ! Car, un baiser,...
c'est presque un engagement !

MADELEINE

Et tu te laisserais embrasser ?

TOINETTE

Bien sûr que oui... — (malicieusement) — mais... embrasser
seulement ! Ah ! tiens, Madeleine, si jamais ton cœur fait tic-tac
comme le mien, tu comprendras alors tout ce que je ressens
pour Clément... Mais tu me fais bavarder... et il pourrait at-
tendre. Adieu, je te quitte.

MADELEINE

Mais où cours-tu ainsi ?

TOINETTE

A la ferme de Saint-Louis.

MADELEINE

Chez lui ?

TOINETTE

Chez lui.

MADELEINE

Ah ! prends garde, Toinette, prends garde... le chemin est
bien solitaire... et ta vertu y courrait grand risque !

TOINETTE (avec un geste)

Oh ! Madeleine !... embrasser seulement !

(Elle reprend son bouquet et sort en courant et en chantant. Madeleine se
dirige à gauche, lorsque Clément paraît devant elle.)

SCÈNE CINQUIÈME

MADELEINE — CLÉMENT — puis TOINETTE

MADELEINE

Ciel ! Clément !

CLÉMENT

Oui, c'est moi. D'où vient votre frayeur ?
Pourquoi trembler ainsi ?... Clément vous fait-il peur ?
Je viens vous rappeler, gentille Madeleine,
Qu'un lien nous unit, qu'un serment nous enchaîne !
Qu'il faut, sans plus tarder, pour vous comme pour moi,
Au pied des saints autels, engager notre foi !
L'instant est opportun.

MADELEINE

A vous, je me confie.
Madeleine à Clément et se donne et se fie,
Oui, de vous obéir, j'en ai fait le serment.
Décidez de mon sort !...

CLÉMENT

Votre sort ? librement
Vous me l'avez remis; et, pour vous rendre hommage,
Nous allons célébrer enfin le mariage !

(A ce moment, Toinette apparaît sous la tonnelle, attentive, se dissimulant
pour ne pas être aperçue.)

MADELEINE

Eh bien, je me soumets au vœu sacré d'un père ;
Allez tout apprêter.

CLÉMENT (insinuant)

Je cours chez le notaire
Préparer le contrat. L'amour naît dans mon cœur !

TOINETTE (à part, sous la tonnelle.)

Juste ciel ! l'aimerait-il, vraiment? O douleur !
Quel trouble inopportun rend mon âme inquiète?
Se peut-il ? Quoi ! Clément se rirait de Toinette ?
Le perfide !

MADELEINE (à part)

Hélas, j'ai perdu tout espoir !

(à Clément)

Je vous l'ai dit, Monsieur, je ferai mon devoir.

CLÉMENT (à part)

Au diable le devoir qui l'attache à ma vie !
O ruse ! à mon secours ! ici, je te convie !
Voyons !

TOINETTE (à part)

Mais il hésite encor... il hésite, je croi.
Ah ! je me sens glacée et de peur et d'effroi !

CLÉMENT

Avant de me donner votre amour en partage,
Souffrez donc que Clément dise à quoi l'on s'engage.

AIR

I

En prenant femme si jolie,
J'éloignerai le jouvenceau !
Je sens déjà la jalousie
Hanter ma tête et mon cerveau !
En ma demeure hospitalière,
Je doublerai guichets, verrous !
Car de ma gentille fermière,
Je crains déjà d'être jaloux ?
Jaloux ! jaloux !

II

Ah ! si jamais dans ma colère,
Un galant venait près de vous,
Je l'étendrais dans la poussière,
Et je l'assommerais de coups !
Craignez, craignez ma violence ;
Tenez, Madeleine, entre nous,
Je sens déjà la méfiance
Me mordre au cœur : Je suis jaloux !
        Jaloux ! jaloux !

TRIO

MADELEINE	TOINETTE
Quel bon petit ménage,	Quel ravissant ménage
Ferions-nous tous les deux !	Feraient-ils tous les deux !
Il me battrait, je gage :	Oh ! non, ce mariage
Ça serait fort joyeux !	N'est pas possible entre eux !
Riant et gai présage :	Je ne perds pas courage,
Ah ! serions-nous heureux !	Pourquoi mouiller mes yeux ?
Quel bon petit ménage,	Quel ravissant ménage
Ferions-nous tous les deux !	Feraient-ils tous les deux !

CLÉMENT

Ah ! par ma foi, j'enrage !
Je le vois dans ses yeux :
Elle rit de ma rage,
De mon air furieux !
Ne perdons pas courage,
Rusons à qui mieux mieux,
Du serment qui m'engage
Je briserai les nœuds !

CLÉMENT (avec force)

Redoutez, redoutez mon courroux,
Parfois, je suis brutal... oui, brutal et jaloux !

MADELEINE (effrayée)

Ah ! mon Dieu ! quelle colère ?

TOINETTE (riant)

Ah ! quel joli caractère !

CLÉMENT

Alors, c'est convenu, je m'en vais de ce pas
Apprêter l'union...

MADELEINE (hésitant, à part)

Je ne m'en défends pas...
La frayeur me saisit... Et j'hésite... incertaine...
Quoi ! serai-je infidèle à mon propre serment ?
(résolûment)
Allez !... apprêtez l'union de Madeleine !

TOINETTE

Oui, je me vengerai... d'elle et de toi, Clément !

(Toinette sort; Madeleine, à la vue des pêcheurs qui reviennent, va prendre
la place de Toinette sous la tonnelle.)

SCÈNE SIXIÈME

MADELEINE (sous la tonnelle); — PASCAL, — GAETAN, —
LES PÊCHEURS, — FEMMES DES PÊCHEURS, — PAYSANS
PAYSANNES.

(Pendant que les pêcheurs accostent au rivage et mettent les corbeilles de
poissons à terre, les femmes des pêcheurs, les paysans et paysannes font irrup-
tion sur la scène et les entourent. — Pascal et Gaëtan donnent des ordres.)

RONDEAU

LES CHŒURS

Joyeuse et folle,
Dansez la farandole,
Dansez, fillettes et garçons !
Allez, courez sur la rive,
De loin, le pêcheur arrive,
Apportant de gentils poissons !

Aussi,
Ici,
En votre course folle,
Sautez,
Dansez,
Dansez la farandole,
Fillettes et garçons !

CHŒUR DES FEMMES

Hardi pêcheur de La Madrague,
Que caressent la mer et la vague,
Apportes-tu de beaux poissons ?

CHŒUR DES PÊCHEURS

Nous apportons de beaux poissons !

(Ils vont prendre les corbeilles remplies de poissons, qu'ils
déposent au milieu de la scène).

Oui, malgré la mer houleuse,
Voyez : notre pêche est miraculeuse !
Nous en avions plein nos filets.
Aussi regardez : le rouget frétille
Parmi la ravelle et l'anguille,
Les dorades et les mulets !

LES CHŒURS, ENSEMBLE

Alors, joyeuse et folle,
En rondeau, reprenons la farandole,
Dansons !

Oui, dansons autour de vos corbeilles,
Où brillent, chatoyantes, vermeilles,
Les belles couleurs des poissons !
Dansons, dansons !

(Les pêcheurs chargent les corbeilles sur leurs épaules et sortent. — Les
femmes les suivent. — Pascal et Gaëtan s'avancent sur le devant de la
scène.)

GAETAN

Je te répète, Pascal, que Madeleine te fera perdre la tête ! Tout à l'heure, encore, ne disais-tu pas à Joseph de porter la plus belle corbeille chez le père Vincent ?

PASCAL

Eh ! quoi, Gaëtan, tu ne devines donc pas ?

MADELEINE (à part, sous la tonnelle.)

Que disent-ils ?

GAETAN (se frappant le front.)

Mais, sapristi, si, si, j'ai deviné !... Ah ! triple mulet que je suis ! mulet de mer... j'entends !... Ainsi cette corbeille, apprêtée par toi avec tant de soins, que Joseph porte au père Vincent, est destinée à Madeleine ?

PASCAL

C'est cela même. Et, sur un lit d'algues vertes — qui est aussi la couleur de l'espérance ! — j'ai couché à son intention, les plus jolis poissons !

MADELEINE (à part.)

Cher Pascal !

GAETAN

Eh bien, Pascal, crois-en l'amitié qui nous unit : à ta place, je renoncerais à l'amour de Madeleine.

PASCAL

Renoncer à Madeleine ?... à son amour surtout... ah ! plutôt
mourir !... Si je perdais cet espoir, Gaëtan, j'irais, de ce pas,
me jeter du haut de ce cap ! (Il désigne le cap de la main.)

MADELEINE (même jeu.)

Qu'entends-je, ô mon Dieu ?

GAETAN

Ah ! pourquoi t'obstiner ainsi ? pourquoi ne pas te rendre à
la raison ? Tiens, écoute-moi, et tu verras toi-même que ton
amour est insensé !

PASCAL

Parle, je t'écoute.

MADELEINE (même jeu.)

Que va-t-il dire ?

GAETAN

Il y a de cela une dizaine d'années, le père Vincent, alerte
comme un vieux pêcheur rompu au dur métier de la mer, vit
tout à coup, au-delà du cap Janet, une embarcation aux prises
avec un temps épouvantable. L'impétueux mistral soufflait avec
violence, de sorte que la barque, malgré les efforts de ceux qui
la montaient, allait à la dérive, et courait à une catastrophe iné-
vitable. Sans perdre une minute, le père Vincent, aussi hardi
que brave, coupe l'amarre de son bateau, largue la voile, et va
droit à l'embarcation. Et c'est par un prodige du ciel qu'il
sauva l'équipage, parmi lequel se trouvait le riche fermier de
Saint-Louis, maître Clément !

PASCAL (impatienté.)

Eh bien ! après ?

MADELEINE (même jeu.)

C'est bien cela, je m'en souviens.

GAETAN (continuant).

Après? Eh bien après, maître Clément, à qui le père Vincent avait sauvé la vie au péril de la sienne, maître Clément lui jura une amitié sans bornes, si bien que, pour la cimenter à jamais, ils firent venir le jeune Clément et la gentille Madeleine et, ayant mis la main de la jeune fille dans celle du garçon, ils les fiancèrent !...

PASCAL (brusquement.)

Qu'importe ! n'étaient-ce pas des enfants, alors ?

MADELEINE (même jeu.)

Ah ! comme mon cœur bat !

GAETAN

Oui ; mais le père Vincent, têtu comme un vieillard qui met toute son espérance dans son unique enfant, et voyant dans l'union de sa fille avec le jeune fermier un mariage les mettant tous les deux à l'abri du besoin, le père Vincent compte sur cette union, et Madeleine elle-même ne saurait se soustraire à son serment ! Comprends-tu maintenant l'abîme qui te sépare d'elle ?

PASCAL (subjugué).

Tu dis vrai, Gaëtan. — (à lui-même) — Oui, il dit vrai ; mon
amour, dès lors, est insensé !

GAETAN (attristé.)

Par mon saint patron, qu'ai-je fait ? Ses yeux sont remplis
de larmes... Ça l'a rendu si triste que moi-même... — (essuyant
ses yeux du revers de sa manche) — Ah ! bon, voilà que je pleure....
à présent.

PASCAL (résolûment.)

Implacable destin ! la vie n'est qu'un tourment.... et du haut
de ce cap !...

(A la vue de Madeleine qui s'avance, Gaëtan le retient et s'en va dans la
coulisse, après lui avoir montré la jeune fille.)

MADELEINE (allant à Pascal.)

Ah ! je vous le défends ! (Elle tombe à genoux).

DUO

PASCAL (surpris)

Madeleine !

MADELEINE (joignant les mains.)

Oui, Pascal ; votre sœur, votre amie.
Pour elle, repoussez tout projet criminel !

PASCAL (la relevant)

Relevez-vous, messagère du ciel!
Ah ! par vous, ma raison affermie,
Renaît à l'espérance, à l'amour !
Aussi bénirai-je ce jour
Comme le plus beau jour de ma vie !

MADELEINE (baissant la tête)

Gaëtan vous l'a dit : vous ne pouvez m'aimer !
Renoncez à l'amour qui vers moi vous entraîne,
Renoncez-y, Pascal,
Car un serment fatal,
Et me lie et m'enchaîne !
Gaëtan l'a bien dit : vous ne pouvez m'aimer !

PASCAL (exalté)

Moi? moi? ne pas t'aimer?.. Tu remplis ma pensée !
Ton amour, c'est le ciel ! c'est la douce rosée !
C'est mon suprême bien !
Qu'importe le serment qui te lie et t'enchaîne !
Moi, je t'aime, ô Madeleine !
Je te donne mon cœur !... Ah ! donne-moi le tien ?

(Après une pause, à genoux, prenant la main de Madeleine, amoureusement.)

Eh bien, dis-le ce mot, ô belle enchanteresse !
Tu le vois, à tes pieds, je l'attends dans l'ivresse ;
Cet aveu... cet aveu ferait tout mon bonheur !
Dis, Madeleine, dis : Me donnes-tu ton cœur ?

ENSEMBLE

<table>
<tr><td>PASCAL (se relevant)</td><td>MADELEINE (à part)</td></tr>
<tr><td>

En cet instant suprême,
Dis-moi ce mot : « Je t'aime ! »
Reine de mes amours !
Mon cœur plein de tendresse,
Lui, le redit sans cesse :
T'aimera-t-il toujours !

Très caressante,
Sa tendre voix
Séduit, enchante !
Ah ! je le vois !

Comment lui dire :
Pour toi, pour toi,
L'amour m'inspire :
Voici ma foi !

Très caressante,
Sa tendre voix
Séduit, enchante !
Ah ! je le vois.

</td><td>

En cet instant suprême,
Dire ce mot : « Je t'aime ! »
C'est prouver mon amour !
Mon cœur plein de tendresse,
Pour lui le dit sans cesse,
Et la nuit et le jour !

Très caressante,
Sa tendre voix
Séduit, enchante !
Ah ! je le vois !

Comment lui dire :
Pascal, pour toi,
L'amour m'inspire :
Voici ma foi !

Très caressante,
Sa tendre voix
Séduit, enchante !
Ah ! je le vois.

</td></tr>
</table>

PASCAL (avec désespoir).

Je ne suis pas aimé, moi qui vous aime tant !
Adieu donc, Madeleine ! — A vous toujours constant
Je me sacrifîrai !... Je vais à l'instant même
M'éloigner de vos yeux !...

MADELEINE (vivement)

Ah ! restez : Je vous aime !

PASCAL (contenant sa joie, avec douceur)

Les fleurs, par le zéphyr bercées ;
Les bluets émaillant les sillons ;
Les papillons
Aux ailes diaprées ;
Le joyeux rossignol, chantant au fond des bois ;
L'oiselet, sautillant de charmille en charmille ;
L'étoile au ciel qui brille !
Toutes ces choses à la fois,
Ne valent pas, oh ! non je crois,
Ces mots si ravissants, prononcés par toi-même :
« — Ah ! restez : Je vous aime ! »
Et le son de ta voix, doux écho ! m'a charmé ;
Et je lis dans tes yeux : — « Aime, Pascal aimé ! »

Et maintenant, ô fille de Phocée !
Prends cet anneau, gage de mon amour,
Ah ! Madeleine, ah ! permets qu'en ce jour,
Je t'appelle ma fiancée !

(Il va pour mettre son anneau à son doigt.)

MADELEINE (avec effroi).

Triste réalité !... Je ne puis être à vous.
Ne le savez-vous pas ?... Mon père m'a donnée !
Hélas !... hélas !... Clément deviendra mon époux !
Et c'est vous seul que j'aime !... Étrange destinée !

PASCAL (avec véhémence).

Lui, ton époux ?.. Jamais ! jamais !... Tu m'appartiens,
O mon aimée !...

(La prenant dans ses bras)

Ah ! viens, là, sur mon cœur !... Viens ! Viens !

MADELEINE (se dégageant.)

Adieu, Pascal !... Du ciel, implorons la clémence !
Mais qui vient là ?... Clément ! Ah ! fuyons sa présence !

(Elle s'enfuit par la tonnelle. — Pascal veut la retenir. — Clément
s'avance vers Pascal.)

SCÈNE SEPTIÈME

PASCAL, — CLÉMENT, — puis TOINETTE.

CLÉMENT (croisant les bras)

Eh ! eh ! pêcheur Pascal, la jouvencelle semble vous plaire ?

PASCAL (impatienté)

Que vous importe, fermier Clément?

CLÉMENT

Cornes de cerf ! que m'importe ? Mais il m'importe beaucoup,
pêcheur Pascal. — (avec intention) — Sachez, qu'avant peu, Madeleine sera ma femme...

PASCAL (même jeu, à part)

Oh ! j'enrage !

CLÉMENT (continuant)

Et que je compte la prendre exclusivement pour moi !

PASCAL (même jeu)

Cela, c'est votre affaire.

CLÉMENT

Vous dites vrai ; cela, c'est mon affaire ; mais retenez bien
ceci, c'est qu'une fois marié, je ne permettrai à aucun garçon,
ni de La Madrague ni de Saint-Louis, fût-il pêcheur, beau
pêcheur même, de venir roucouler aux pieds de mon épouse.

PASCAL (exaspéré)

Au fait, expliquez-vous !

CLÉMENT (froidement)

A celui-là, je lui casserai les reins !

PASCAL (même jeu)

Un défi ?

CLÉMENT

Non, un conseil.

PASCAL (même jeu)

Ah! prenez garde... prenez garde, monsieur le fermier... il
pourrait vous en coûter cher !

CLÉMENT

Une menace?

PASCAL

Non, un bon avis.

CLÉMENT (allant en face de Pascal)

Pascal !

PASCAL (allant en face de Clément)

Clément !

DUO

PASCAL

Allons, puisqu'il le faut, vidons cette querelle !

CLÉMENT (à part)

Je ne tiens pas du tout à me battre pour elle !

(à Pascal)

Eh bien, oui, vidons-la ; mais tâchons d'être clair,
Madeleine est à moi. C'est mon bien.

PASCAL (à part)

Lucifer !

(à Clément)

Ce bien, c'est mon trésor ; car, elle ! ç'est ma vie !
Indigne loup-cervier, vous me l'avez ravie !

CLÉMENT

Point du tout. Ah ! c'est faux ! C'est Pascal le pêcheur
Qui s'est fait bel et bien un vrai loup ravisseur.

PASCAL

(Il va prendre une gaffe et menace Clément.)

Pour Dieu ! fermier Clément, répétez cette injure !

CLÉMENT

(Il va prendre une gaffe et menace Pascal.)

Pour Dieu ! pêcheur Pascal !

(à part)

La plaisante aventure.
Décidément, il l'aime, et tout va pour le mieux.

(à Pascal)

Un duel à la gaffe ? Oh ! duel curieux !

PASCAL (exaspéré)

Va, croisons nos tridents !

CLÉMENT (froidement)

Attends, Pascal..... attends !

ENSEMBLE

(Ils viennent sur le devant de la scène)

PASCAL (avec rage)	CLÉMENT (riant)
Je vengerai cette imposture,	Holà ! holà ! quelle figure,
O mon patron, sois mon appui!	Ce bon Pascal fait aujourd'hui :
Mais mon trident, tout me l'assure,	Certes, mon trident, je l'assure,
Me donnera raison de lui !	Ne se tournera contre lui !
Il rit, il rit de ma colère !	Ah ! ah ! je ris de sa colère,
Ah ! cet affront me désespère.	De sa façon hautaine et fière ;
Va, va, tu mordras la poussière,	Calmons sa fureur meurtrière,
Clément, ton dernier jour a lui.	Or çà, mon dernier jour a lui !

Ils se mettent en garde. — Toinette vient se jeter entre eux, leur arrachant
à chacun leur gaffe, qu'elle rejette.

TOINETTE (se croisant les bras, allant vers Clément)

Fi ! monsieur Clément ! — (se dirigeant vers Pascal) — Fi ! monsieur Pascal ! — (s'adressant à tous les deux) — Eh ! bien, je vous le
demande, que deviendraient les demoiselles de La Madrague,
si tous les garçons s'entretuaient ? Avec qui les marierait-on ?

CLÉMENT

C'est pourtant vrai.

PASCAL

Elle a raison.

TOINETTE (bas à Pascal, à part)

Dites comme moi. — (haut) — Et lorsque je pense que monsieur — (elle désigne Clément) — aurait pu tuer mon futur mari !
elle montre Pascal).

CLÉMENT (faisant un soubresaut).

Son mari ?

PASCAL (à part)

Que dit-elle ?

TOINETTE (même jeu, continuant)

Et que vous, monsieur Pascal — (désignant Clément) — vous
auriez pu lui ôter la vie, et priver ainsi Madeleine de son futur
époux !

CLÉMENT (exclamant)

Ah ! permettez !

PASCAL (subjugué par Toinette qui lui fait signe de se taire, à part)

Allons !

TOINETTE (prenant le bras de Pascal va au-devant de Clément, lui faisant la révérence).

Au revoir, monsieur Clément, au revoir !... Nous allons chez le notaire préparer notre contrat de mariage ! (riant) Ah ! ah ! ah !... au revoir !... ah ! ah ! ah !

PASCAL (se laissant emmener, à part.)

Je n'y comprends rien. — (regardant Toinette et partant d'un éclat de rire). — Ah ! ah ! ah !

CLÉMENT (tendant les bras, les poursuivant.)

Toinette ! Toinette !... écoutez !... mais écoutez !

(Il revient vers le milieu de la scène. — A ce moment Madeleine la traverse dans la direction de Pascal et Toinette. Elle semble les suivre avec anxiété.)

SCÈNE HUITIÈME

CLÉMENT — puis MADELEINE

CLÉMENT

Dirait-elle vrai ? Quoi, Toinette, Toinette que j'aime par dessus tout... Toinette deviendrait la femme de ce pêcheur ?... Allons donc !... Il faut en finir au plus vite avec Madeleine.

Ce maudit serment, que nos deux pères nous ont fait prêter, ce serment est absurde !... puisque Madeleine ne m'aime pas, et que, moi-même, je n'aime pas Madeleine !... Si encore elle me disait : — « Eh ! bien, Clément, je ne vous aime pas, là ! » — (Madeleine, revenue sur ses pas, s'avance doucement, et écoute jusqu'à la fin de la tirade.) — Oh ! mon Dieu, je suis bon garçon, moi ; je la relèverais de son serment, et tout serait dit. Mais non ; non, elle ne dit rien ; tout à l'heure, j'espérais, avec ma feinte jalousie, l'amener à renoncer au mariage... Patatra ! ne me dit-elle pas, au contraire, d'aller l'apprêter ! — (à lui-même) — Ah ! serment infernal !... Je donnerais la plus belle bête de mon étable pour que Madeleine m'entendit ! De ce pas, je vais, je cours m'expliquer avec elle, je...

MADELEINE (se présentant à lui)

Me voilà, monsieur Clément, que me voulez-vous ?

CLÉMENT (interdit, reculant)

Ce que je vous veux ?... Ah ! bien non, je ne vous croyais pas si près de moi... tout de même... sans ça...

MADELEINE (enhardie)

Sans ça ?

CLÉMENT

Sans ça... — (se ravisant) — Est-ce que vous m'avez entendu lorsque je disais que...

MADELEINE (même jeu)

Que disiez-vous, monsieur Clément ?

CLÉMENT (embarrassé)

Je disais comme ça que... mon Dieu, oui, je disais... – (à part) – Je ne peux pourtant pas le dire le premier!

MADELEINE (doucement)

Comme il vous plaira, monsieur Clément.

CLÉMENT (comme ahuri)

Quoi? qu'est-ce qui me plait?

MADELEINE

Pas moi, bien sûr.

CLÉMENT

Bah ! je n'ai pas dit cela... Seulement, je disais que...

MADELEINE (tout-à-fait enhardie)

Que... que... que vous ne m'aimez pas, là !

CLÉMENT (surpris)

Ça! qui vous l'a dit?

MADELEINE

Moi-même, monsieur Clément. Je me suis tenu ce langage que, puisque vous ne m'aimiez pas, il ne fallait plus donner suite à notre projet de mariage, qu'il fallait rompre...

CLÉMENT (vivement)

Rompre... c'est cela...

MADELEINE

Ai-je dit rompre?

CLÉMENT

Oui, oui, rompre... briser...

MADELEINE

Comprenez-vous, enfin?

CLÉMENT (anxieux, à part)

Ah ! sapristi ! vous verrez qu'elle ne le dira pas ! — haut, — Oui, peut-être vouliez-vous dire... délier...

MADELEINE (à dessein, vivement)

C'est cela, délier chacun de notre serment.

CLÉMENT (avec joie, à part)

O saint Clément ! ô mon patron ! elle l'a dit ! — (d'un air important) — Vous avez parfaitement pensé, Madeleine ; oui, il est clair que nous ne nous aimons ni l'un ni l'autre, et qu'il vaut mieux nous délier... — (avec intention) — c'est vous qui venez de le dire!... chacun de notre serment ; mais, à ce désistement, Madeleine, je mets une condition... un prix...

MADELEINE (l'interrompant)

Un prix ?... et lequel, monsieur Clément ?

CLÉMENT (tendant sa joue)

J'exige que vous m'embrassiez là... sur ma joue ;... puis, moi,
à mon tour, j'embrasserai les deux vôtres !

MADELEINE (surprise)

Quelle idée !... Et si je refusais, monsieur Clément ?

CLÉMENT

Si vous refusiez, Madeleine?... eh bien, je reprendrais mon
serment; conséquemment, vous reprendriez le vôtre !

DUO

MADELEINE (à part)

O ciel ! qu'ai-je entendu?... pour moi, quelle surprise ?...
Lui donner un baiser : en prend-il à sa guise?

CLÉMENT (à part)

Oui, certe, elle y viendra, j'en ai le ferme espoir.
Je rirais de bon cœur que Pascal pût la voir !

MADELEINE (à la dérobée)

Ah ! si c'était Pascal, je lui tendrais ma joue.

CLÉMENT (à la dérobée)

Oui-dà ! comme c'est moi, me fait-elle la moue !

MADELEINE

AIR

I

Allons, foin de ma fierté !
Mais pourquoi lui refuser
Ce baiser,
Qu'avec ruse il me demande ;
Eh ! donnons-lui cette offrande,
Prix de ma liberté !

II

Eh ! oui, car un baiser,
Un seul baiser,
Me délirait de ma promesse ;
Or, comment lui refuser
Ce baiser
Qui me comblerait d'ivresse !

Ah ! dès lors, plus de tourment,
Plus de serment,
C'est le Bonheur doré conduit par l'Espérance !
C'est la gaîté qui recommence !
Oh ! comme l'on rirait !

Je ne peux donc refuser
Ce baiser,
Précurseur d'un doux présage !
Oui, la fille la plus sage,
Comme moi n'hésiterait !

ENSEMBLE

Reprise

MADELEINE	CLÉMENT

Allons, foin de ma fierté !
Mais pourquoi lui refuser
Ce baiser,
Qu'avec ruse il me demande ;
Eh! donnons-lui cette offrande,
Prix de ma liberté !

Allons, foin de ta fierté !
Là, peux-tu me refuser
Ce baiser,
Qu'à dessein je te demande ;
Va, donne-moi cette offrande,
Prix de ta liberté !

MADELEINE (à elle-même,

A ce baiser, mon cœur est insensible.

(à Clément)

Eh! bien, monsieur, êtes-vous inflexible ?

CLÉMENT (sérieux)

Certe, inflexible !

(tendant sa joue droite.

Il faut m'embrasser... là !

(montrant sa joue gauche)

Ou choisissez cette autre que voilà !

MADELEINE

(faisant quelques pas, puis reculant un peu,

Ah ! je n'oserai jamais...

(reculant tout-à-fait)

Oh ! je n'ose !

CLÉMENT

(la joue tendue, avec un geste)

Là !... là ! c'est frais comme un bouton de rose !

MADELEINE (indécise)

Non ! de Pascal, j'encourrais le mépris !

CLÉMENT

(impatienté, frappant du pied)

Eh ! vite et bien, ou je double le prix !

MADELEINE

(s'approchant de Clément)

Mais je tremble, ô mon Dieu ! car le temps presse ;
S'il revenait...

(elle regarde autour d'elle)

CLÉMENT

(la joue tendue, frappant du pied)

Eh bien, cette caresse ?

(faisant semblant de sortir)

Allons ! gardons chacun notre serment.

MADELEINE

(s'approchant tout-à-fait de Clément, qui retend sa joue)

Embrassons-le !

(elle l'embrasse vivement)

CLÉMENT (riant)

Quel suave moment !

MADELEINE

(s'éloignant de Clément, avec joie)

Libre, enfin !

CLÉMENT (avec un geste)

Oh ! pas tout-à-fait, ma mie,
Certes, libre ! mais libre qu'à demie !

MADELEINE

O supplice !

CLÉMENT

Eh ! vous savez que je dois,
Sur les roses de ce joli minois, —
Vous l'ai-je dit — déposer un baiser !

MADELEINE (à part)

Hélas ! hélas ! puis-je encor refuser ?

(tendant son visage à Clément)

Dépêchez-vous, monsieur : — Ah ! vite ! vite !

CLÉMENT

(essuyant ses lèvres du revers de sa manche, vient lentement lui donner un
baiser retentissant sur chacune de ses joues). — Pirouettant sur lui-même).

Et maintenant, oui... oui, nous voilà quitte !

ENSEMBLE

MADELEINE	CLÉMENT
O bonheur ! un baiser,	O ruse ! deux baisers,
Un seul baiser,	Oui, deux baisers,
M'a délié de ma promesse ;	M'ont délié de ma promesse ;
Mais pouvais-je refuser	Mais pour moi ces deux baisers,
Ce baiser	Ces baisers,
Qu'il m'a pris avec adresse !	Sont le prix de ma finesse !
En ce jour prospère et clément,	Jamais, jamais plus de serment !
Plus de serment !	Dès ce moment,
Eclate, ô ma gaîté ! puis, folle, insou-	A toi tout mon amour, Toinette
[ciante,	[séduisante !
Redis le doux air d'une amante	Deviens, ah! ciel ! sois mon amante,
Qui reprend sa liberté,	Je reprends ma liberté,
Oui, sa liberté !	Oui, ma liberté !
Pascal, je t'en donne ma foi,	Clément, ô ma belle! crois-moi,
T'aimer c'est mon unique loi,	Te garde et son cœur et sa foi,
Mon seul désir, ma seule envie,	T'aimer, voilà sa seule envie,
Je n'aimerai toute ma vie,	Il n'aimera toute sa vie,
Que toi, rien que toi !	Que toi, rien que toi !

(Clément donne la main à Madeleine et ils vont pour sortir. — A ce moment,
Pascal et Toinette, se donnant le bras, passent dans le fond ; ils sont tout
entiers à eux-mêmes. — Madeleine jette un cri et tombe dans les bras de
Clément. — Pascal et Toinette accourent.)

SCÈNE NEUVIÈME

LES MÊMES — PASCAL — TOINETTE

PASCAL (se jetant aux pieds de Madeleine et couvrant sa main de baisers)

Madeleine ! Madeleine ! reviens à toi ! c'est moi, c'est Pascal qui t'appelle !

TOINETTE (doucement)

Madeleine, écoute la voix d'une amie, de Toinette !

CLÉMENT (maugréant)

Au diantre les amoureux !

MADELEINE (revenant à elle, puis se relevant vivement, à Pascal)

Non, non, vous ne m'aimez pas !

PASCAL (allant de nouveau se mettre à ses genoux)

A toi, à toi mon amour et ma vie !

MADELEINE (à part)

Comme sa voix est émue ? — (haut) — Mais, là, je vous vois encore — oh ! j'ai bien souffert ! — là, ne teniez-vous pas Toinette dans vos bras ?

TOINETTE (venant se mettre à genoux de l'autre côté de Madeleine)

Je suis seule coupable ; pardonne-moi, Madeleine, car je ne croyais pas que ma vengeance te porterait un coup si cruel !

CLÉMENT (à part)

Bon petit cœur !

PASCAL (se relevant)

Oui, Madeleine, Toinette était jalouse de vous... et...

MADELEINE (relevant Toinette et l'embrassant)

Et... et moi, je lui pardonne !

CLÉMENT (à Madeleine)

Ta, ta, ta, tout cela, c'est très-bien ; mais... mon père ?... mais... le vôtre ?... consentiront-ils, eux, à rompre notre serment, comme nous l'avons fait nous-mêmes ?

MADELEINE (confuse)

C'est vrai ; mon père n'y consentira jamais !

CLÉMENT (frappant du pied)

Eh ! je doute fort que le mien y consente !...   — (Il fait quelques pas pour sortir.) —

SCÈNE DIXIÈME

LES MÊMES — GAETAN — puis les CHŒURS

GAETAN (arrivant tout essoufflé, avec un geste)

Et moi, fermier Clément, et moi, mademoiselle Madeleine,
je viens vous dire qu'ils y ont consenti !

TOUS

Que dit-il ?

GAETAN (se calmant, à Madeleine)

Je dis que j'ai vu mon bon Pascal bien malheureux de ne
pouvoir être à vous ! — (à Clément) — Je dis que vous aimez Toinette, que, conséquemment, c'eût été faire une folie que de vous
unir à Madeleine! — (à Toinette) — Enfin, je dis à vous - (à Pascal
lui serrant la main) - à toi, Pascal, que, vous voyant tous les
quatre amoureux... mais amoureux - (avec un geste) - en sens
inverse, je suis allé trouver le père Vincent - (à Madeleine) -
votre père, Madeleine, qui vous laisse libre de votre personne,
- (à Clément) - le vôtre, monsieur le fermier, qui ne demandera
pas mieux que d'appeler Toinette sa fille !

FINALE

QUATUOR

PASCAL

(ému, serrant la main de Gaëtan)

Gaëtan, Gaëtan, je te dois mon bonheur !

MADELEINE (émue)

Oh ! moi, j'en suis ravie, et je vous rends justice !

TOINETTE (gaiment)

Gloire vous soit rendue, et que Dieu vous bénisse !

CLÉMENT (avec un geste)

Eh bien, a-t-il du bon, ce brave et bon pêcheur ?

(Gaëtan s'en va dans le fond)

PASCAL

(mettant la main de Toinette dans la main de Clément)

Dès lors, fermier Clément, voici votre fermière !

CLÉMENT

(mettant la main de Madeleine dans la main de Pascal)

Et vous, soyez heureux, votre existence entière !

TOINETTE (avec un geste)

Mais, à nous obéir, il faut vous conformer !

MADELEINE (avec un geste)

Et nous jurons alors de toujours vous aimer !

PASCAL et CLÉMENT

Et toujours vous nous aimerez ?

TOINETTE et MADELEINE

Oui, toujours nous vous aimerons !

PASCAL et CLÉMENT

étendant leurs bras;

Vous le jurez?

TOINETTE et MADELEINE

les imitant,

Nous le jurons !

ENSEMBLE

PASCAL

A ton joug plein de charme,
Pascal se soumettra ;
Non, jamais une larme,
De tes yeux coulera !
Déjà ton doux empire
Enivre et prend mon cœur ;
Que fera ton sourire,
Séduisant et vainqueur ?

CLÉMENT

Saint Clément ! je désarme
Devant ce minois-là !
Son fin regard me charme :
Oui, je le sens bien là !
Ah ! faut-il y souscrire ?
Malgré son air moqueur,
Déjà son doux empire
Pénètre dans mon cœur !

MADELEINE

Maintenant, plus d'alarme,
Toujours il m'aimera ;
Avenir plein de charme,
Pascal m'obéira !
Ah ! pourrai-je lui dire,
Le plaisir qu'en mon cœur,
Y causa son sourire
Et son regard vainqueur !

TOINETTE

Son air piteux me charme !
Que j'aime cet air-là !
Son gros rire désarme :
En est-il déjà là ?
Un mari qui soupire
N'est pas un méchant cœur ;
Eh ! de son doux empire,
Sent-il l'effet vainqueur !

(Pendant ce qui précède, Gaëtan est allé dans le fond, faisant signe dans les coulisses. — A son appel, les chœurs rentrent en scène. — Il leur dit la prochaine union de Pascal et Madeleine, de Clément et Toinette. — A cette nouvelle, les chœurs, manifestant leur joie et leur curiosité, viennent entourer les deux couples, qu'ils saluent.)

LES CHŒURS

Honneur, honneur !
Au fermier, au pêcheur
Qu'en si belle journée,
Fixent leur hyménée !
Au fermier, au pêcheur,
Honneur, honneur !

PASCAL (prenant Madeleine sous son bras)

Madeleine et Pascal, en leur si douce ivresse,
Partagent, de vos chants, la suave allégresse !

LES CHŒURS

(à Pascal)

A toi, pêcheur altier,
Un bonheur sans mélange !

(à Clément)

Bon grenier, riche grange,
A monsieur le fermier !

CLÉMENT (prenant Toinette sous son bras)

Merci pour nos amours, merci pour vos largesses :
Oui, Toinette et Clément acceptent vos promesses !

LES CHŒURS

Ici, la partie dansante des chœurs enveloppe les deux couples. — Pascal,
Madeleine, Clément et Toinette dansent en rond en sens inverse des chœurs.

Alors, en ce beau jour de fête,
En l'honneur
De Madeleine, de Toinette,
Et du fermier et du pêcheur,
Joyeuse, folle,
En rond, dansons la farandole,
Fillettes et garçons,
Dansons !

TOUS ENSEMBLE

Honneur, honneur !
Au fermier, au pêcheur,
Qu'en si belle journée,
Fixent leur hyménée !
Au fermier, au pêcheur,
Honneur, honneur !

(Pascal et Madeleine, Clément et Toinette s'en vont par le fond, au milieu
des cris de joie que poussent les chœurs sur leur passage.)

RIDEAU

FIN

Lyon. — Imprimerie de *la Province*, Grande Rue de la Guillotière, 101.

FINIS

BIBLIOTHÈQUE DE LA PROVINCE

Lucien Duc. — *Histoire d'une rose,* nouvelle, in-8 . . . . . . 1 «

— — *Souvenirs du siège de Belfort,* in-12 . . . . . 1 50

— — *Les Méditations d'un patriote,* poésies, in-16 . » 50

— — *L'Alsacienne,* poème, in-8 . . . . » 50

Marc Calmon. — *Le siège d'Uxellodunum,* drame en cinq
actes et en vers, 1 vol. in-8 . . . . . . 3 »

Kouflet. — *Une Glane,* poésies suivies de la comédie : le
Grognon, un vol. in-8 . . . . 3 »

Félicien Thierry. — *Sans Amour,* nouvelle couronnée. . . 1 »

Francis Melvil. — *Jean Trégovern,* nouvelle couronnée. . . » 60

Narzale Jobert. — *Les fleurs que j'aime,* poésies. 1 25

— — *La poésie à vol d'oiseau* . . . . » 75

A. Bourgeois. — *Souvenirs d'un page de Louis XV* . . . . » 75

Divers. — *Moissons littéraires de la Province,* recueil d'œu-
vres couronnées. . . . . 3 »

— — La *Province,* collection de 1879 en 2 vol. . . . 6 »

— — — — de 1881 en 1 fort vol. . 6 »

— — — — de 1882 en 2 vol. . . . 8 »
(chaque vol. peut se vendre séparément).

— — *La Jeune Province,* de 1882, illustrée. . . . 5 »

— — *Almanach,* de 1882 . . . . » 50

— — — de 1883, édition populaire . . . . . » 50

— — — — — de luxe. . . . . . . 1 »

— — *8ᵉ Gerbe poétique de la Province* . . . . . . 1 »

Marguerite Neil. — *Les Elfes,* historiettes, 1 b. vol. . . . . 3 »

Envoi franco contre mandat ou timbres
à **M.** Lucien DUC, Éditeur, Grande rue Guillotière, 89

www.ingramcontent.com/pod-product-compliance
Lightning Source LLC
LaVergne TN
LVHW021816170726
843503LV00007B/3206